Dr. Oetker alles selbst gemacht

# Tapas

**Dr. Oetker** alles selbst gemacht

# Tapas

Dr. Oetker Verlag

# Vorwort

Ob Sie Ihren Spanien-Urlaub noch vor sich oder gerade hinter sich haben,
mit den Rezepten in diesem Buch können Sie das Spanien-Feeling verlängern.

Eröffnen Sie Ihre Tapas-Bar zu Hause, ob in der Küche, im Wohnzimmer, im Garten oder auf dem Balkon.

Ursprünglich wurde ein Glas Sherry mit einer dünnen Scheibe Chorizo-Wurst oder Serrano-Schinken abgedeckt,
daher der Begriff Tapa, der Deckel bedeutet. Der „Tapa“ sollte das Getränk vor unerwünschten Fliegen schützen.

Im Laufe der Zeit kamen dann immer mehr unterschiedliche kleine Gerichte dazu,
die zu Sherry, Weißwein, Rotwein oder Bier serviert wurden.

Tapas sind Appetithäppchen. Sie werden ab 11 Uhr morgens den ganzen Tag über serviert.
Sie können sowohl als Imbiss, als auch in einer größeren Zusammenstellung als ganze Mahlzeit serviert werden.
Tapas können ganz einfach sein, wie dünne Scheiben Chorizo-Wurst, Serrano-Schinken, grüne oder schwarze Oliven
und geröstete, gesalzene Mandeln. Sie können alle Zutaten wie Gemüse und Hülsenfrüchte, Obst und Nüsse,
Fisch und Meeresfrüchte bis hin zu Fleisch und Wurst enthalten.

Alle Zutaten, die in den folgenden Rezepten verwendet werden, sind leicht zu beschaffen.
Die Rezepte sind so ausgewählt, dass für jede Gelegenheit etwas dabei ist.

Alle Rezepte schmecken nicht nur hervorragend,
sondern sind von Dr. Oetker wie immer nachgekocht und so beschrieben, dass sie Ihnen garantiert gelingen
und gut vor Ankunft Ihrer Freunde vorbereitet werden können.

So werden Anfänger und Könner ihre Freude an den bewährten und neuen, leckeren mehr als 30 Rezepten haben.

# Migas

4–6 Portionen

Zubereitungszeit: 20 Minuten, ohne Einweich- und Abkühlzeit

Zutaten:

| | |
|---|---|
| 200 g | Weißbrot (2–3 Tage alt) |
| 3 EL | Milch oder Wasser |
| 1–2 | Knoblauchzehen |
| 30 g | Räucherspeck |
| 4 EL | Olivenöl |
| 1–2 TL | Paprikapulver edelsüß |

1. Weißbrot mit einem Sägemesser in etwa 2 x 2 cm große Würfel schneiden. Brotwürfel in eine flache Schale legen, mit Milch oder Wasser besprenkeln und mindestens 3 Stunden stehen lassen.
2. Knoblauch abziehen und fein hacken. Speck in kleine Würfel schneiden.
3. Olivenöl in einer Pfanne erhitzen, Speckwürfel darin auslassen. Anschließend mit einem Schaumlöffel herausnehmen, auf Küchenpapier legen. Speckwürfel abtropfen und abkühlen lassen.
4. Brotwürfel in die Pfanne geben und bei schwacher Hitze goldbraun rösten.
5. Speckwürfel fein hacken. Kurz vor Ende des Röstens Knoblauch und Speckwürfel zu den Brotwürfeln geben und mit erhitzen. Brotwürfel mit Paprika bestreuen. Erkalten lassen.

Tipp: Wenn es schnell gehen soll, können Sie auch frisches Weiß- oder Toastbrot würfeln. Es muss nicht eingeweicht werden und kann sofort, wie im Rezept beschrieben, geröstet werden.

# Salzmandeln

4–6 Portionen

Zubereitungszeit: 30 Minuten, ohne Trockenzeit

Zutaten:

| | |
|---|---|
| 400 g | ungeschälte ganze Mandeln |
| 250 ml (¼ l) | Olivenöl |
| | Salz |

1. Wasser in einem kleinen Topf zum Kochen bringen. Mandeln kurz hineingeben (etwa 15 Sekunden). Anschließend in ein Sieb geben, mit kaltem Wasser übergießen und abtropfen lassen.
2. Die Schalen von den Mandeln abziehen oder die Schalen aus den Mandeln drücken. Mandeln auf Küchenpapier oder einen Teller legen und über Nacht trocknen lassen.
3. Olivenöl in einem Topf erhitzen (etwa 170 °C). Mandeln portionsweise in dem siedenden Olivenöl goldbraun backen.
4. Mandeln mit einem Schaumlöffel herausnehmen und auf Küchenpapier abtropfen lassen.
5. Mandeln mit Salz bestreut servieren.

# Pflaumen im Speckmantel

20 Stück

Zubereitungszeit: 20 Minuten, ohne Marinierzeit

Zutaten:

| | |
|---|---|
| 20 | große entsteinte Backpflaumen |
| 5 EL | Portwein |
| 10 Scheiben | Bacon (Frühstücksspeck) |
| | Olivenöl zum Anbraten |
| | Außerdem: |
| | Holzstäbchen und -spieße |
| 1 | Wasserglas |
| | Meersalz |

1. Pflaumen in eine flache Schale legen und mit Portwein übergießen. Pflaumen darin mehrere Stunden marinieren.
2. Baconscheiben längs halbieren. Die Pflaumen aus der Marinade nehmen und jeweils mit den Speckscheiben umwickeln. Mit Holzstäbchen feststecken.
3. Olivenöl erhitzen, die umwickelten Pflaumen darin von allen Seiten anbraten, herausnehmen, abkühlen lassen.
4. Nach Belieben ein Wasserglas mit Meersalz füllen. Die Pflaumen auf Holzspieße stecken und dekorativ ins Meersalz spießen.

# Datteln mit Käse im Schinkenmantel

24 Stück

Zubereitungszeit: 20 Minuten

Zutaten:

| | |
|---|---|
| 24 | frische Datteln |
| 1 Scheibe (100 g) | Manchego-Käse |
| 24 | abgezogene, ganze Mandeln |
| 12 dünne | Scheiben Serano-Schinken |
| 8 | Kopfsalatblätter |

1. Datteln waschen, abtropfen lassen und die harte Schale abziehen. Die Früchte an der „Naht" aufschlitzen und entkernen.
2. Käse in 24 Stifte schneiden, die der Länge der Dattelkerne entsprechen.
3. Die Datteln jeweils mit einem Käsestift und je einer Mandel füllen.
4. Schinkenscheiben längs halbieren. Die Datteln jeweils mit den Schinkenscheiben umwickeln.
5. Die Datteln mit der Nahtseite nach unten auf ein Backblech (mit Alufolie belegt) legen und im vorgeheizten Backofen bei Ober-/Unterhitze: etwa 240 °C, Heißluft: etwa 220 °C, Gas: Stufe 5 in etwa 6 Minuten knusprig braun backen.
6. Die Datteln vom Backblech nehmen und abkühlen lassen.
7. Salatblätter abspülen und trockentupfen. Eine Platte mit den Salatblättern auslegen. Die Datteln darauf anrichten.

# Kräuteroliven

4–6 Portionen

Zubereitungszeit: 20 Minuten, ohne Durchziehzeit

Zutaten:

| | |
|---|---|
| 1 Glas | grüne, entsteinte Oliven (Abtropfgewicht 100 g) |
| 1 Glas | schwarze, entsteinte Oliven (Abtropfgewicht 65 g) |
| 6 Stängel | Basilikum |
| ½ Bund | glatte Petersilie |
| 2 | Knoblauchzehen |
| 2 | rote Chilischoten |
| 150 ml | Olivenöl |

1. Grüne und schwarze Oliven in einem Sieb abtropfen lassen, anschließend mit Küchenpapier trockentupfen.
2. Basilikum und Petersilie abspülen, trockentupfen. Die Blättchen von den Stängeln zupfen. Blättchen in feine Streifen schneiden. Knoblauch abziehen und in dünne Scheiben schneiden. Chilischoten waschen, trockentupfen, der Länge nach aufschneiden und entkernen. Chilis in sehr kleine Würfel schneiden.
3. Oliven mit Basilikum-, Petersilienstreifen, Knoblauchscheiben und Chiliwürfeln mischen, in ein vorbereitetes Glas geben und mit Olivenöl übergießen. Das Glas mit einem Twist-off-Deckel® verschließen.
4. Die Oliven 2–3 Tage an einem kühlen Ort stehen lassen, dabei das Glas gelegentlich schütteln.

Tipp: Die Oliven sind mindestens 1 Woche kalt gestellt haltbar.

# Rote Sonnenblumenkerne

2–3 Portionen

Zubereitungszeit: 10 Minuten

Zutaten:

| | |
|---|---|
| 1 gestr. TL | Paprikapulver edelsüß |
| 1 Msp. | Paprikapulver rosenscharf |
| | Salz |
| 1 EL | Olivenöl |
| 150 g | Sonnenblumenkerne |

1. Paprika mit Salz mischen.
2. Olivenöl in einer Pfanne erhitzen. Sonnenblumenkerne hinzufügen und bei mittlerer Hitze unter gelegentlichem Wenden goldbraun rösten.
3. Sonnenblumenkerne herausnehmen, auf Küchenpapier schütten und kurz abreiben. Sonnenblumenkerne in eine Schale geben. Die Paprikamischung hinzufügen und untermengen. Sonnenblumenkerne erkalten lassen.

Tipp: Statt Sonnenblumenkerne können auch ganze Mandeln verwendet werden.

# Buntes Fenchelgemüse

4 Portionen

Zubereitungszeit: 40 Minuten

Zutaten:

| | |
|---|---|
| 2 | Fenchelknollen (etwa 600 g) |
| 1 | Bio-Zitrone (unbehandelt, ungewachst) |
| 150 ml | Gemüsebrühe |
| | Salz |
| 3 | Schalotten |
| 2 | Knoblauchzehen |
| 1 | grüne Chilischote |
| 2 | Tomaten (100 g) |
| 2 EL | Olivenöl |
| 8 | schwarze Oliven, ohne Stein (aus dem Glas) |
| | frisch gemahlener Pfeffer |

1. Von den Fenchelknollen die Stiele dicht oberhalb der Knollen abschneiden. Braune Stellen und Blätter entfernen (das Fenchelgrün beiseite legen). Die Wurzelenden gerade schneiden. Die Knollen waschen, abtropfen lassen, von oben nach unten durchschneiden und evtl. Strunk entfernen. Fenchelhälften längs in Spalten schneiden.
2. Zitrone heiß waschen und abtrocknen. Brühe in einem Topf zum Kochen bringen, Fenchelspalten hineinlegen. Von der Zitrone etwa ein Drittel der Schale abreiben und hinzugeben, zum Kochen bringen und zugedeckt bei schwacher Hitze etwa 10 Minuten dünsten, mit Salz würzen. Fenchelspalten in einem Sieb abtropfen lassen und den Sud dabei auffangen.
3. Schalotten und Knoblauch abziehen, in dünne Scheiben schneiden. Chili waschen, trockentupfen, der Länge nach aufschneiden und entkernen. Chilihälften in schmale Streifen schneiden.
4. Tomaten waschen, kreuzweise einschneiden und einige Sekunden in kochendes Wasser legen. Tomaten kurz in kaltem Wasser abschrecken, enthäuten, halbieren, entkernen und Stängelansätze entfernen. Tomaten in Würfel schneiden.
5. Olivenöl in einem Topf erhitzen. Schalotten-, Knoblauchwürfel und Chilistreifen hinzufügen und zugedeckt etwa 10 Minuten bei mittlerer Hitze dünsten.
6. Oliven in Scheiben schneiden. Zitrone quer halbieren. Eine Zitronenhälfte in dünne Scheiben schneiden, die andere Hälfte auspressen. Fenchelspalten auf einer Platte oder einem Teller anrichten, Zitronenscheiben an den Rand legen.
7. Den aufgefangenen Fenchelsud und die Tomatenwürfel zu der Zwiebel-Knoblauch-Chili-Masse geben und aufkochen lassen. Mit Salz, Pfeffer und dem ausgepressten Zitronensaft abschmecken.
8. Die Masse auf den Fenchelspalten verteilen, mit dem beiseite gelegten, gewaschenen Fenchelgrün und Olivenscheiben bestreuen. Fenchelgemüse heiß oder kalt servieren.

# Gefüllte Paprikaschoten

6 Stück

Zubereitungszeit: 45 Minuten, ohne Abkühlzeit

Zutaten:

| | |
|---|---|
| 1 Glas | rote geschälte Paprika (Abtropfgewicht 200 g, erhältlich bei Kattus, Spezialitätenregal oder in spanischen oder türkischen Geschäften) |
| 1 Dose | Tunfisch naturell (Abtropfgewicht 150 g) |
| 1 | kleine, grüne Paprikaschote (etwa 150 g) |
| 1 | Schalotte (etwa 30 g) |
| 1–2 | Knoblauchzehen |
| 1 EL | Olivenöl |
| | Salz |
| | frisch gemahlener Pfeffer |
| 4 Stängel | glatte Petersilie |
| 40 g | Salatmayonnaise (50 % Fett) |
| | Paprikapulver rosenscharf |

1. Eingelegte Paprika und Tunfisch getrennt in je einem Sieb abtropfen lassen.
2. Grüne Paprika halbieren, entstielen, entkernen und die weißen Scheidewände entfernen. Schote waschen, trockentupfen und in kleine Würfel schneiden.
3. Schalotte und Knoblauch abziehen, fein würfeln. Olivenöl in einem Topf erhitzen, Schalotten- und Knoblauchwürfel darin andünsten. Paprikawürfel hinzugeben und zugedeckt etwa 6 Minuten dünsten. Flüssigkeit verdampfen lassen. Mit Salz und Pfeffer würzen, Paprikagemüse erkalten lassen.
4. Petersilie abspülen und trockentupfen. Die Blättchen von den Stängeln zupfen (einige Blättchen beiseite legen), Blättchen hacken.
5. Tunfisch mit einer Gabel auseinander zupfen und in einen hohen Rührbecher geben, Mayonnaise hinzufügen und mit dem Schneidstab des Handrührgerätes pürieren.
6. Von den eingelegten Paprikaschoten die 6 besten Schoten heraussuchen und auf Küchenpapier legen. Restliche Paprikaschoten in Würfel schneiden und zum Püree geben. Paprikagemüse und gehackte Petersilie unterheben. Mit Salz, Pfeffer und Paprika würzen.
7. Die Tunfischcreme mit einem Teelöffel in die Paprika füllen und mit den beiseite gelegten Petersilienblättchen garnieren.

Beilage: Brot.

Tipp: Die Tunfischcreme eignet sich auch als Brotaufstrich. Statt rote, geschälte Paprikaschoten 1 Glas Kirschpaprika (Abtropfgewicht 220 g) verwenden.

# Dicke Bohnen

4 Portionen

Zubereitungszeit: 25 Minuten

Zutaten:

| | |
|---|---|
| 2 | Zwiebeln (etwa 100 g) |
| 1–2 | Knoblauchzehen |
| 6 Stängel | Majoran oder |
| | ½ TL getrockneter Majoran |
| 2 EL | Olivenöl |
| 1 | Lorbeerblatt |
| 500 g | dicke Bohnen aus dem Glas |
| 4 EL | Gemüsebrühe |
| | Salz |
| | frisch gemahlener Pfeffer |
| 1 Msp. | gemahlener Kreuzkümmel (Cumin) |
| 1–2 TL | Zitronensaft |
| 70 g | luftgetrockneter Schinken, |
| | z. B. Serrano-Schinken |

1. Zwiebeln und Knoblauch abziehen. Zwiebeln halbieren und in Spalten, Knoblauch in Scheiben schneiden. Majoran abspülen und trockentupfen. Die Blättchen von den Stängeln zupfen (einige Blättchen zum Bestreuen beiseite legen).
2. Olivenöl in einem Topf erhitzen. Zwiebelspalten, Knoblauchscheiben, Majoran und Lorbeerblatt hinzufügen. Die Zutaten zugedeckt etwa 10 Minuten dünsten.
3. Bohnen in ein Sieb geben, abspülen und abtropfen lassen. Bohnen und Brühe zu der Zwiebelmasse geben und etwa 5 Minuten erhitzen. Mit Salz, Pfeffer, Kreuzkümmel und Zitronensaft würzen. Den Topf von der Kochstelle nehmen.
4. Schinken in Streifen schneiden und unter die Bohnen mischen. Dicke Bohnen heiß oder kalt mit den beiseite gelegten Majoranblättchen bestreut servieren.

Tipp: Statt dicke grüne Bohnen können Sie auch weiße Bohnen verwenden. Wenn Sie TK-Grüne Bohnen verwenden möchten, dünsten Sie die Bohnen zusammen mit den Zwiebeln und fügen zusätzlich 6 Esslöffel Gemüsebrühe hinzu.

# Kichererbsensalat

4 Portionen

Zubereitungszeit: 40 Minuten, ohne Abkühl- und Marinierzeit

Zutaten:

| | |
|---|---|
| 1 Dose | Kichererbsen (erhältlich bei Kattus, Spezialitätenregal oder in spanischen oder türkischen Geschäften, Abtropfgewicht 265 g) |
| je 1 | rote, grüne und gelbe Paprikaschote |
| | Salz |
| 2 | Zwiebeln (etwa 80 g) |
| 5 EL | Olivenöl |
| | frisch gemahlener Pfeffer |
| | gemahlener Kreuzkümmel (Cumin) |
| 2–3 TL | Zitronensaft |
| 30 g | abgezogene, gemahlene Mandeln |
| ½ Bund | glatte Petersilie |

1. Kichererbsen in ein Sieb geben, abspülen und abtropfen lassen. Paprika halbieren, entstielen, entkernen und die weißen Scheidewände entfernen. Die Schoten waschen, trockentupfen, längs vierteln und mit der Wölbung nach oben auf ein Backblech (mit Alufolie belegt) legen.
2. Das Backblech unter den vorgeheizten Grill schieben. Die Paprikaviertel so lange grillen, bis die Haut Blasen wirft und schwarz wird.
3. Das Backblech auf einen Rost stellen. Die Paprikaschoten sofort mit einem feuchten Geschirrtuch belegen. Die Paprikaviertel häuten und längs in dünne Streifen schneiden, mit Salz bestreuen und erkalten lassen.
4. Zwiebeln abziehen, halbieren und in Scheiben schneiden. 1 Esslöffel Olivenöl in einem Topf erhitzen. Zwiebelscheiben hinzufügen und zugedeckt etwa 10 Minuten dünsten. Zwiebelscheiben herausnehmen und in eine Schüssel geben, Kichererbsen und Paprikastreifen untermischen. Mit Salz, Pfeffer, Kreuzkümmel und Zitronensaft würzen, etwa 30 Minuten marinieren.
5. Mandeln in einer Pfanne ohne Fett unter mehrmaligem Wenden goldbraun rösten, herausnehmen und auf einem Teller erkalten lassen.
6. Petersilie abspülen und trockentupfen. Die Blättchen von den Stängeln zupfen. Blättchen in einen hohen Rührbecher geben. Restliches Olivenöl und Mandeln hinzufügen, mit dem Schneidstab fein pürieren. Die Sauce mit Salz abschmecken. Den Salat mit der Sauce anrichten.

# Zitronenkartoffeln

4 Portionen

Zubereitungszeit: 30 Minuten, ohne Marinierzeit

Zutaten:

| | |
|---|---|
| 750 g | kleine fest kochende Kartoffeln |
| 1 | Bio-Zitrone (unbehandelt, ungewachst) |
| | Für die Marinade: |
| ½ Bund | glatte Petersilie |
| 1 | Knoblauchzehe |
| ½ TL | Fenchelkörner |
| 125 ml (⅛ l) | Hühnerbrühe |
| 1–2 EL | Sherryessig |
| 6 EL | Olivenöl |
| | Salz |
| | frisch gemahlener Pfeffer |
| 1–2 TL | brauner Zucker |

1. Kartoffeln waschen, mit Wasser bedeckt zum Kochen bringen und in 20–25 Minuten gar kochen. Kartoffeln abgießen, mit kaltem Wasser abschrecken, abtropfen lassen und pellen.
2. Zitrone heiß abwaschen, abtrocknen, längs halbieren und in dünne Spalten schneiden, die Kerne dabei entfernen.
3. Für die Marinade Petersilie abspülen und trockentupfen. Die Blättchen von den Stängeln zupfen. Blättchen in schmale Streifen schneiden. Knoblauch abziehen und durch eine Knoblauchpresse drücken. Fenchel im Mörser zerdrücken.
4. Die Hühnerbrühe in einem Topf zum Kochen bringen, Topf von der Kochstelle nehmen. Essig, Petersilie, Knoblauch, Fenchel und Olivenöl unterrühren. Mit Salz und Pfeffer würzen.
5. Kartoffeln und Zitronenspalten in eine Schüssel geben, mit der Marinade übergießen und mindestens 2 Stunden stehen lassen. Zitronenkartoffeln mit Salz, Pfeffer und Zucker abschmecken.

# Champignons mit Knoblauch

4 Portionen

Zubereitungszeit: 20 Minuten, ohne Marinierzeit

Zutaten:

| | |
|---|---|
| 600 g | frische, kleine Champignonköpfe |
| Saft | von 1 Zitrone |
| 3 | Knoblauchzehen |
| 250 ml (¼ l) | Olivenöl |
| | Salz, frisch gemahlener Pfeffer |
| 1 Bund | Petersilie |

1. Champignons putzen, mit Küchenpapier abreiben, evtl. kurz abspülen und trockentupfen. Champignons mit Zitronensaft beträufeln und kurz marinieren.
2. Knoblauch abziehen, in sehr kleine Würfel schneiden. Olivenöl in einer Pfanne erhitzen. Knoblauchwürfel darin andünsten. Champignons hinzufügen, bei schwacher Hitze unter mehrmaligem Wenden 5–6 Minuten schmoren lassen. Anschließend bei starker Hitze kurz braten. Mit Salz und Pfeffer würzen.
3. Petersilie abspülen und trockentupfen. Die Blättchen von den Stängeln zupfen. Blättchen fein hacken. Petersilie zu den Champignons geben, unterrühren und in der Pfanne sofort sehr heiß servieren.

Beilage: Frisches Stangenbaguette.

# Gratinierte Champignons

4 Portionen

Zubereitungszeit: 25 Minuten
Gratinierzeit: etwa 25 Minuten

Zutaten:

| | |
|---|---|
| 16 | große Champignons |
| 4 EL | Sonnenblumenöl |
| | Salz |
| | frisch gemahlener Pfeffer |
| 2 | Schalotten |
| ½ Bund | glatte Petersilie |
| 50 ml | Weißwein |
| 100 ml | Fleischbrühe (evtl. Instant) |
| etwa 4 EL | Semmelbrösel |

1. Champignons putzen, mit Küchenpapier abreiben, evtl. kurz abspülen und trockentupfen. Die Stiele abschneiden oder herausdrehen.
2. Zwei Esslöffel des Sonnenblumenöls in einer Pfanne erhitzen. Champignonhüte mit den Stielen darin anbraten. Mit Salz und Pfeffer bestreuen.
3. Die Champignonhüte mit der Öffnung nach oben in eine Auflaufform (gefettet) legen. Die Champignonstiele hacken. Schalotten abziehen und in kleine Würfel schneiden. Petersilie abspülen und trockentupfen. Die Blättchen von den Stängeln zupfen. Blättchen klein schneiden.
4. Champignonstücke mit Schalottenwürfeln und Petersilie mischen, mit Salz und Pfeffer würzen. Die Champignonhüte damit füllen.
5. Wein und Brühe hinzugießen. Die gefüllten Champignonhüte dick mit Semmelbröseln bestreuen. Restliches Sonnenblumenöl darauf träufeln. Die Form auf dem Rost in den Backofen schieben. Die Champignons im vorgeheizten Backofen bei Ober-/Unterhitze: etwa 200 °C, Heißluft: etwa 180 °C, Gas: Stufe 3–4 etwa 25 Minuten gratinieren.

# Artischockenblätter mit Shrimps

4–6 Portionen

Zubereitungszeit: 55 Minuten, ohne Abkühlzeit

Zutaten:

| | |
|---|---|
| 2 kleine | Artischocken |
| 1 | Zitrone |
| 2 EL | Weißweinessig |
| 2 | Lorbeerblätter |
| | Für den Frischkäse-Dip: |
| 200 g | Doppelrahm-Frischkäse |
| 125 ml (1/8 l) | Schlagsahne |
| | Cayennepfeffer |
| | Salz |
| 2 TL | fein gehackte Kapern |
| 200 g | Shrimps |
| 2 TL | Kapern |

1. Artischocken waschen, die äußeren, schlechten Blätter abschneiden. Die Blattspitzen mit einer Küchenschere gerade schneiden. Zitrone halbieren. Die Schnittflächen der Blattspitzen mit dem Zitronenfruchtfleisch abreiben.
2. Artischocken in kochendes Salzwasser geben, Essig und Lorbeerblätter hinzufügen und zugedeckt bei schwacher Hitze 25–30 Minuten garen, bis sich die Blätter leicht herausziehen lassen.
3. Die Artischocken mit einem Schaumlöffel herausnehmen und mit dem Boden nach oben in einem Sieb abtropfen und erkalten lassen.
4. Die Artischockenblätter herauszupfen und auf einer großen Platte anrichten. Das Heu von dem Artischockenboden entfernen. Die Böden in die Mitte der Platte setzen.
5. Für den Dip Frischkäse mit Sahne geschmeidig rühren, mit Cayennepfeffer und Salz abschmecken. Kapern unterrühren.
6. Die Frischkäsemasse in einen Spritzbeutel mit großer Spritztülle füllen und auf die Artischockenböden und -blätter spritzen. Mit Shrimps und Kapern garnieren.

Tipp: Dazu frisch aufgebackenes Baguette reichen. Es können auch Artischocken aus der Dose verwendet werden, die dann nicht mehr gekocht werden müssen.

# Auberginen mit eingelegten Limetten

8–10 Portionen

Zubereitungszeit: 50 Minuten, ohne Durchzieh- und Kühlzeit

Zutaten:

| | |
|---|---|
| | Für die eingelegten Limetten: |
| 5 | Bio-Limetten (unbehandelt, ungewachst) |
| 1 EL | Meersalz |
| 150 ml | Olivenöl |
| | |
| 5 | Knoblauchzehen |
| 150 ml | Olivenöl |
| 10 mittelgroße | Auberginen (je etwa 300 g) |
| | Salz |
| | frisch gemahlener, grober, bunter Pfeffer |
| 2 Bund | Schnittlauch |

1. Für die eingelegten Limetten Limetten gründlich waschen, abtrocknen und in dünne Scheiben schneiden. Limettenscheiben mit Salz bestreuen, in ein Glas schichten und mit Olivenöl begießen, so dass die Limettenscheiben bedeckt sind. Limettenscheiben mit Klarsichtfolie zudecken und mindestens 24 Stunden kalt stellen.
2. Knoblauch abziehen und durch eine Knoblauchpresse drücken. Olivenöl mit Knoblauch verrühren.
3. Auberginen waschen, abtrocknen und die Stängelansätze abschneiden. Auberginen in Scheiben schneiden. Mit Salz und Pfeffer bestreuen. Auberginenscheiben in eine flache Schale legen und mit dem Knoblauchöl übergießen. Auberginenscheiben mit Klarsichtfolie zudecken und kalt stellen.
4. Schnittlauch abspülen, trockentupfen und in Röllchen schneiden.
5. Die Auberginenscheiben aus der Schale nehmen, trockentupfen und auf dem heißen Grill von jeder Seite etwa 2 Minuten grillen. Auberginenscheiben etwas abkühlen lassen. Mit den eingelegten Limettenscheiben auf einer großen Platte anrichten und mit Schnittlauchröllchen bestreuen.

Beilage: Eingelegter Feta-Käse oder Mozzarella, frisches Stangenweißbrot oder Fladenbrot.

Tipp: Die Auberginen schmecken auch sehr gut zu gegrilltem Lammfleisch oder Fisch.
Limettenscheiben schon einige Tage vor dem Verzehr in Olivenöl einlegen.

# Blumenkohltörtchen

12 Stück

Zubereitungszeit: 45 Minuten, ohne Auftau-, Ruhe- und Abkühlzeit
Backzeit: 25–30 Minuten

Zutaten:

| | |
|---|---|
| 1 Pck. | TK-Blätterteig (450 g, 4 Platten) |
| 1 kleiner oder ½ | Blumenkohl (etwa 500 g) |
| | Salz |
| 1 | Zwiebel (etwa 40 g) |
| 2 EL | Olivenöl |
| 1 gestr. EL | Weizenmehl |
| 3 EL | Schlagsahne |
| 3 EL | Wasser |
| 1 Pck. (0,2 g) | Safran |
| 100 g | TK-Erbsen |
| | Cayennepfeffer |
| 50 g | gekochter Schinken (in Scheiben) |
| 1 | Ei (Größe M) |
| 30 g | abgezogene, gestiftelte Mandeln |

1. Blätterteigplatten nebeneinander zugedeckt nach Packungsanleitung auftauen lassen.
2. Von dem Blumenkohl die Blätter und schlechten Stellen entfernen, den Strunk abschneiden. Blumenkohl waschen, abtropfen lassen und in Röschen teilen (etwa 350 g).
3. Blumenkohlröschen in kochendem Salzwasser etwa 3 Minuten blanchieren, in ein Sieb geben, mit kaltem Wasser übergießen und abtropfen lassen.
4. Zwiebel abziehen und in kleine Würfel schneiden. Olivenöl in einem Topf erhitzen. Zwiebelwürfel darin andünsten und mit Mehl bestäuben. Sahne und Wasser hinzugießen. Die Zutaten zum Kochen bringen, Safran und Erbsen hinzugeben, aufkochen lassen. Topf von der Kochstelle nehmen. Erbsenmasse mit Salz und Cayennepfeffer würzen, erkalten lassen. Schinken in Streifen schneiden.
5. Blätterteigplatten aufeinander legen und auf einer bemehlten Arbeitsfläche zu einem Rechteck (etwa 34 x 45 cm) ausrollen. Teigrechteck etwa 10 Minuten ruhen lassen.
6. Aus dem Teigrechteck 12 Quadrate (etwa 11 x 11 cm) ausschneiden und je ein Quadrat in die Mulden einer Muffinform (für 12 Muffins, Boden jeweils gefettet) legen und leicht andrücken.
7. Ei verschlagen und unter die Erbsenmasse rühren, Blumenkohlröschen unterheben. Gemüsemasse auf dem Teig verteilen. Schinkenstreifen darauf legen und mit Mandeln bestreuen. Die Form auf dem Rost in den Backofen schieben.

   Ober-/Unterhitze: 180–200 °C (vorgeheizt)
   Heißluft: 160–180 °C (vorgeheizt)
   Gas: etwa Stufe 3 (vorgeheizt)
   Backzeit: 25–30 Minuten.

8. Die Blumenkohltörtchen etwa 10 Minuten in der Form stehen lassen, dann aus der Form lösen und auf einen Kuchenrost legen.

Tipp: Die Törtchen vor dem Backen – oder wenn sie frisch aus dem Ofen kommen – mit etwas geriebenem Manchego-Käse bestreuen.

# Empanada mit Schweinefilet

4 Portionen

Zubereitungszeit: 45 Minuten, ohne Abkühlzeit
Backzeit: 25–30 Minuten

Zutaten:

| | |
|---|---|
| | Für die Füllung: |
| 2 | Zwiebeln |
| 1–2 | Knoblauchzehen |
| 150 g | Schweinefilet |
| 1 Scheibe | gekochter Schinken (etwa 50 g) |
| 2 EL | Olivenöl |
| | Salz, frisch gemahlener Pfeffer |
| 1 | gelbe Paprikaschote, in Würfel geschnitten |
| 3 EL | Tomatenmark |
| 2 TL | Kapern (aus dem Glas) |
| 2 | Strauchtomaten (in Würfel geschnitten, etwa 70 g) |
| | Paprikapulver rosenscharf |
| | Für den Knetteig: |
| 200 g | Weizenmehl |
| | Salz |
| 1 EL | flüssiger Honig |
| 1 | Ei (Größe M) |
| 1 EL | kaltes Wasser |
| 4 EL | Olivenöl |
| 50 g | Butter |
| | Zum Bestreichen: |
| 1 | Eigelb |
| 1 EL | Wasser |
| | evtl. Petersilienblättchen |

1. Zwiebeln und Knoblauch abziehen, fein würfeln. Schweinefilet unter fließendem kalten Wasser abspülen, trockentupfen und in Streifen schneiden. Schinkenscheibe würfeln.
2. Einen Esslöffel Olivenöl in einer Pfanne erhitzen, Fleischstreifen darin anbraten, mit Salz und Pfeffer würzen, herausnehmen. Restliches Olivenöl in der Pfanne erhitzen. Zwiebel-, Knoblauch- und Paprikawürfel hinzugeben, etwa 5 Minuten dünsten. Tomatenmark, Kapern, Tomaten- und Schinkenwürfel hinzufügen, unter Rühren zum Kochen bringen. Mit Salz, Pfeffer und Paprika würzen. Masse abkühlen lassen.
3. Für den Teig Mehl in eine Rührschüssel sieben, in die Mitte eine Vertiefung drücken. Salz, Honig, Ei, Wasser und Olivenöl verschlagen, in die Vertiefung geben. Butterflöckchen auf den Mehlrand geben. Zutaten zunächst mit Handrührgerät mit Knethaken, dann mit den Händen zu einem glatten Teig verkneten.
4. Zwei Drittel des Teiges auf einer bemehlten Arbeitsfläche zu einer runden Platte (Ø etwa 26 cm) ausrollen, in eine Tarteform (Ø 20–22 cm, Boden gefettet) legen. Teigboden mehrmals mit einer Gabel einstechen. Die Gemüsemasse auf den Teig geben, Schweinefiletstreifen darauf verteilen. Überstehenden Teigrand über die Füllung schlagen und dünn mit Wasser bestreichen.
5. Restlichen Teig zu einer runden Platte in Größe der Tarteform ausrollen und auf die Füllung legen. Rand andrücken, überstehenden Teig abschneiden. Teigoberfläche mit einem scharfen Messer mehrmals einschneiden.
6. Zum Bestreichen Eigelb mit Wasser verschlagen. Die Teigoberfläche damit bestreichen. Die Form auf dem Rost in den Backofen schieben.

Ober-/Unterhitze: etwa 200 °C (vorgeheizt)
Heißluft: etwa 180 °C (vorgeheizt)
Gas: Stufe 3–4 (vorgeheizt)
Backzeit: 25–30 Minuten.

7. Die Form auf einen Kuchenrost stellen. Empanada etwas abkühlen lassen, dann aus der Form lösen, auf eine Platte legen und nach Belieben mit Petersilienblättchen garniert servieren.

# Zwiebeltörtchen

12 Stück

Zubereitungszeit: 35 Minuten, ohne Auftau-, Abkühl- und Ruhezeit
Backzeit: etwa 25 Minuten

Zutaten:

| | |
|---|---|
| 1 Pck. | TK-Blätterteig (450 g, 4 Platten) |
| 2 | Gemüsezwiebeln (etwa 500 g) |
| 2–3 | Knoblauchzehen |
| 3 EL | Olivenöl |
| ½ TL | getrockneter Thymian |
| 1 | Lorbeerblatt |
| | Salz |
| | frisch gemahlener Pfeffer |
| 1 gestr. EL | Weizenmehl |
| 2 EL | Kapern (aus dem Glas) |
| 1 Msp. | gemahlener Zimt |
| 6 | Strauchtomaten (etwa 230 g) |
| | Zum Bestreuen: |
| 2 EL | Schnittlauchröllchen |

1. Blätterteigplatten nebeneinander zugedeckt nach Packungsanleitung auftauen lassen. Zwiebeln und Knoblauch abziehen, Zwiebeln halbieren und in Streifen schneiden. Knoblauch in Scheiben schneiden.
2. Zwei Esslöffel Olivenöl in einem Topf erhitzen, Zwiebelstreifen und Knoblauchscheiben darin andünsten. Thymian und Lorbeerblatt hinzufügen, mit Salz und Pfeffer würzen. Die Zwiebelmasse zugedeckt bei schwacher Hitze etwa 10 Minuten dünsten.
3. Zwiebelmasse mit Mehl bestäuben und kurz anschwitzen lassen. Abgetropfte Kapern unterrühren, mit Salz, Pfeffer und Zimt abschmecken, abkühlen lassen.
4. Blätterteigplatten aufeinander legen, auf einer bemehlten Arbeitsfläche zu einem Rechteck (etwa 34 x 45 cm) ausrollen und etwa 10 Minuten ruhen lassen.
5. Tomaten waschen, abtrocknen und die Stängelansätze entfernen. Tomaten quer halbieren.
6. Aus dem Blätterteigrechteck mit einer Ausstechform 12 runde Platten (Ø etwa 11 cm) ausstechen, je eine Platte in die Mulden einer Muffinform (für 12 Muffins, Boden jeweils gefettet) legen und andrücken.
7. Die Zwiebelmasse (Lorbeerblatt entfernen) auf dem Teig verteilen. Die Tomatenhälften mit der Schnittseite nach oben auf die Zwiebelmasse legen und leicht andrücken. Mit dem restlichen Olivenöl beträufeln, mit Salz und Pfeffer bestreuen. Die Form auf dem Rost in den Backofen schieben.

   Ober-/Unterhitze: 200 °C (vorgeheizt)
   Heißluft: etwa 180 °C (vorgeheizt)
   Gas: etwa Stufe 3 (vorgeheizt)
   Backzeit: etwa 25 Minuten.

8. Die Törtchen etwa 10 Minuten in der Form stehen lassen, dann aus der Form lösen und auf eine Platte legen. Törtchen warm oder kalt mit Schnittlauchröllchen bestreut servieren.

Tipp: Von der Muffinform nur die Böden der Mulden einfetten. Streicht man die Ränder mit Fett ein, rutscht der Teig beim Backen zusammen.

# Brot mit Krabbensalat und Champignons

8 Scheiben

Zubereitungszeit: 20 Minuten, ohne Abkühlzeit

Zutaten:

| | |
|---|---|
| 150 g | Champignons |
| 2 EL | Olivenöl |
| | Salz |
| | frisch gemahlener Pfeffer |
| 1 Pck. (200 g) | Krabbensalat (aus dem Kühlregal) |
| 2 TL | Kapern (aus dem Glas) |
| 1–2 TL | Zitronensaft |
| | Cayennepfeffer |
| 8 Scheiben | Stangenweißbrot oder Baguette (1 1/2–2 cm dick) |
| | Petersilie oder Basilikum |

1. Champignons putzen, mit Küchenpapier abreiben, evtl. kurz abspülen, trockentupfen und halbieren.
2. Einen Esslöffel Olivenöl in einer Pfanne erhitzen, Champignonscheiben unter mehrmaligem Wenden darin anbraten. Mit Salz und Pfeffer bestreuen, weitere 2 Minuten braten. Champignonscheiben erkalten lassen.
3. Krabbensalat in eine Schüssel geben, die Hälfte der Champignonscheiben und 1 Teelöffel Kapern unterrühren. Mit Zitronensaft, Salz und Cayennepfeffer abschmecken.
4. Die Brotscheiben dünn mit dem restlichen Öl bestreichen und in einer Pfanne auf der bestrichenen Seite goldbraun rösten. Oder unter dem vorgeheizten Grill im Backofen rösten. Brotscheiben etwas abkühlen lassen.
5. Petersilie oder Basilikum abspülen und trockentupfen. Die Blättchen von den Stängeln zupfen. Blättchen grob hacken.
6. Den Krabbensalat auf den Brotscheiben (geröstete Seite oben) verteilen. Mit den restlichen Champignonscheiben, Kapern und Petersilie oder Basilikum garnieren.

# Brot mit Maissalat und Sardine

8 Scheiben

Zubereitungszeit: 40 Minuten, ohne Durchzieh- und Abkühlzeit

Zutaten:

| | |
|---|---|
| 1 kleine | Zwiebel |
| 1 | Knoblauchzehe |
| 2 EL | Olivenöl |
| 100 g | TK-Erbsen |

1. Zwiebel und Knoblauch abziehen, in kleine Würfel schneiden. 1 Esslöffel Olivenöl in einem Topf erhitzen. Zwiebel- und Knoblauchwürfel hinzugeben und zugedeckt bei schwacher Hitze etwa 5 Minuten dünsten. Erbsen hinzufügen und 3–5 Minuten mitdünsten lassen.
2. Mais in ein Sieb geben, abspülen, abtropfen lassen. Sardinen abspülen, mit Küchenpapier trockentupfen. 8 kleine Sardinenfilets beiseite legen. Restliche Filets klein schneiden, in eine Schüssel geben. Mit Mais, Erbsen und Mayonnaise mischen, mit Salz, Pfeffer und Paprika würzen, etwa 10 Minuten durchziehen lassen.

*(Fortsetzung Seite 36)*

*(Fortsetzung von Seite 34)*

| | |
|---|---|
| 1 kleine Dose | Gemüsemais (Abtropfgewicht 140 g ) |
| 1 Dose | Sardinenfilets ohne Haut und Gräten (Abtropfgewicht 88 g) |
| 50 g | Delikatessmayonnaise (80 % Fett) |
| | Salz, frisch gemahlener Pfeffer |
| | Paprikapulver rosenscharf |
| 2 | Eier |
| 8 Scheiben | Stangenweißbrot oder Baguette (1 ½–2 cm dick) |

3. Eier in kochendes Wasser legen, zum Kochen bringen und 10 Minuten kochen lassen. Eier herausnehmen, in kaltem Wasser abschrecken und erkalten lassen.
4. Eier pellen und mit dem Eierschneider in Scheiben schneiden. 4 Eierscheiben zum Garnieren beiseite legen, restliche Eierscheiben klein schneiden und unter den Salat heben.
5. Die Brotscheiben dünn mit dem restlichen Öl bestreichen und in einer Pfanne auf der bestrichenen Seite goldbraun rösten. Oder unter dem vorgeheizten Grill im Backofen rösten. Brotscheiben etwas abkühlen lassen.
6. Den Salat auf den Brotscheiben (geröstete Seite oben) verteilen. Beiseite gelegte Eierscheiben halbieren.
7. Die Brotscheiben mit beiseite gelegten Sardinenfilets und Eierscheibenhälften garnieren.

# Brot mit Blauschimmel-Käse

8 Scheiben

Zubereitungszeit: 20 Minuten, ohne Abkühlzeit

Zutaten:

| | |
|---|---|
| 4–6 Blätter | Römersalat oder ½ Mini-Roma-Salat |
| 3 Stängel | glatte Petersilie |
| 1 EL | flüssiger Honig |
| 1 TL | Sherry-Essig |
| 2 EL | Olivenöl |
| | Salz, frisch gemahlener Pfeffer |
| 8 Scheiben | Stangenweißbrot oder Baguette (1 ½–2 cm dick) |
| 150 g | spanischer Blauschimmelkäse, z. B. Cabrales oder ein anderer Blauschimmelkäse aus Frankreich, Deutschland oder Dänemark |
| 1 | reife Feige |

1. Salat putzen und den Strunk entfernen. Blätter waschen, trockentupfen oder trockenschleudern und in Streifen schneiden. Petersilie abspülen und trockentupfen. Die Blättchen von den Stängeln zupfen (einige Blättchen zum Garnieren beiseite legen), Blättchen fein hacken.
2. Honig mit Essig verrühren, 1 Esslöffel Olivenöl unterschlagen, mit Salz und Pfeffer würzen. Salatblätter und gehackte Petersilie untermischen.
3. Die Brotscheiben dünn mit dem restlichen Olivenöl bestreichen und in einer Pfanne auf der bestrichenen Seite goldbraun rösten. Oder unter dem vorgeheizten Grill im Backofen rösten. Brotscheiben etwas abkühlen lassen.
4. Den marinierten Salat in einem Sieb abtropfen lassen, auf den Brotscheiben (geröstete Seite oben) verteilen, mit je 2 dünnen Scheiben Käse belegen.
5. Feige waschen, trockentupfen und den Stängelansatz entfernen. Feige halbieren und in Scheiben schneiden.
6. Die Brote mit den Feigenscheiben belegen und mit den beiseite gelegten Petersilienblättchen garnieren.

# Brot mit russischem Salat

8 Scheiben

Zubereitungszeit: 35 Minuten, ohne Abkühlzeit

Zutaten:

| | |
|---|---|
| 150 g | gegarte Pellkartoffeln |
| 1 | Möhre (etwa 80 g) |
| 1 | kleine Zwiebel |
| 2 EL | Olivenöl |
| 80 g | TK-Erbsen |
| 1 | hart gekochtes Ei |
| ½ Dose | Tunfisch in Öl (Abtropfgewicht 70 g) |
| 50 g | Salatmayonnaise (50 % Fett) |
| | Salz |
| | frisch gemahlener Pfeffer |
| 8 Scheiben | Stangenweißbrot oder Baguette |
| | glatte Petersilienblättchen |

1. Kartoffeln pellen und in Würfel schneiden. Möhre putzen, schälen, waschen, abtropfen lassen, in Würfel schneiden. Zwiebel abziehen, ebenfalls würfeln. 1 Esslöffel Olivenöl in einem Topf erhitzen, Zwiebelwürfel darin andünsten, Möhrenwürfel hinzufügen, etwa 5 Minuten mitdünsten lassen. Erbsen hinzugeben und weitere 3–5 Minuten mitdünsten. Die heißen Gemüsezutaten in eine Schüssel geben, Kartoffelwürfel sofort unterheben, erkalten lassen.
2. Ei pellen und mit dem Eierschneider sechsteln, 4 Eisechstel in der Mitte durchschneiden und beiseite legen. Restliches Ei in kleine Stücke schneiden und unter die Salatzutaten heben.
3. Tunfisch abtropfen lassen, in Stücke zupfen. Mayonnaise und die Hälfte des Tunfisches mit den Salatzutaten mischen. Mit Salz und Pfeffer abschmecken.
4. Die Brotscheiben dünn mit dem restlichen Öl bestreichen und in einer Pfanne auf der bestrichenen Seite goldbraun rösten. Oder unter dem vorgeheizten Grill im Backofen rösten. Brotscheiben etwas abkühlen lassen. Den Salat auf den Brotscheiben (geröstete Seite oben) verteilen und andrücken. Mit Tunfischstücken, Eistücken und Petersilienblättchen garnieren.

# Käsebrot

8 Stück

Zubereitungszeit: 15 Minuten, ohne Abkühlzeit

Zutaten:

| | |
|---|---|
| 8 Scheiben | Stangenweißbrot oder Baguette |
| 1 EL | Olivenöl |
| 3 Blätter | Kopfsalat |
| 1 | reife Birne |
| 1–2 TL | Zitronensaft |
| 170 g | Camembert- oder Brie-Käse |
| 70 g | bittere Orangenmarmelade |
| | Schnittlauchröllchen |
| 8 | Walnusskernhälften |

1. Die Brotscheiben dünn mit Olivenöl bestreichen. Brotscheiben wie unter Punkt 5 (oben) beschrieben rösten, etwas abkühlen lassen.
2. Salatblätter waschen, trockentupfen und in 8 Portionen teilen. Birne waschen, abtrocknen, halbieren, entkernen und in 8 Spalten schneiden. Birnenspalten mit Zitronensaft beträufeln.
3. Camembert oder Brie in 8 gleich große Scheiben schneiden.
4. Die Brotscheiben (geröstete Seite) mit Marmelade bestreichen und mit den Salatblättern belegen. Zuerst die Käsescheiben, dann die Birnenspalten darauf legen. Mit Schnittlauchröllchen und Walnusskernhälften garnieren.

# Filet-Brot

8 Scheiben

Zubereitungszeit: 40 Minuten, ohne Abkühlzeit

Zutaten:

| | |
|---|---|
| 1 mittelgroße | Bio-Orange (unbehandelt, ungewachst) |
| 1 | Frühlingszwiebel |
| 250 g | Schweinefilet |
| 2 EL | Olivenöl |
| | Salz |
| | frisch gemahlener Pfeffer |
| 1–2 | Knoblauchzehen |
| 40 g | Salatmayonnaise (50 % Fett) |
| 8 Scheiben | Stangenweißbrot oder Baguette (1 ½–2 cm dick) |
| 4 | kleine, gewaschene, trockengetupfte grüne Salatblätter |
| | evtl. Orangenschalenstreifen |

1. Von der Orange evtl. einige Orangenschalenstreifen mit einem Zestenreißer abschneiden. Die Orange so dick schälen, dass die weiße Haut mit entfernt wird. Fruchtfilets herauslösen und den Saft dabei auffangen. Frühlingszwiebel putzen, waschen und schräg in dünne Scheiben schneiden.
2. Schweinefilet abspülen und trockentupfen. 1 Esslöffel Öl erhitzen, Schweinefilet darin anbraten, mit Salz und Pfeffer würzen. Filet zugedeckt bei schwacher Hitze 8 Minuten garen, herausnehmen, in Alufolie wickeln, abkühlen lassen.
3. Frühlingszwiebeln und aufgefangenen Orangensaft in die Pfanne geben. Frühlingszwiebeln bei starker Hitze braun braten. Saft bis auf etwa 1 Esslöffel verdampfen lassen, abkühlen lassen.
4. Knoblauch abziehen, durch eine Knoblauchpresse drücken und mit der Mayonnaise verrühren. Filet aus der Alufolie wickeln. 1 Esslöffel von dem ausgetretenen Fleischsaft unter die Mayonnaise rühren. Filet schräg in 16 dünne Scheiben schneiden.
5. Die Brotscheiben dünn mit dem restlichen Öl bestreichen, in einer Pfanne auf der bestrichenen Seite goldbraun rösten. Oder unter dem vorgeheizten Grill im Backofen rösten. Brotscheiben etwas abkühlen lassen.
6. Salatblätter halbieren. Brotscheiben (geröstete Seite oben) zuerst mit der Mayonnaise bestreichen, dann zur Hälfte mit je einem Salatblatt belegen. Filetscheiben, Orangenfilets und Frühlingszwiebeln dekorativ darauf verteilen. Jeweils einen Klecks Mayonnaise darauf geben. Nach Belieben mit Orangenschalenstreifen bestreuen.

# Pilzgemüse auf Brot

8 Stück

Zubereitungszeit: 30 Minuten, ohne Abkühlzeit

Zutaten:

| | |
|---|---|
| 1 | Zwiebel |
| 1 | Knoblauchzehe |

1. Zwiebel und Knoblauch abziehen, würfeln. Pilze putzen, mit Küchenpapier abreiben, evtl. kurz abspülen, trockentupfen und in Scheiben schneiden.

*(Fortsetzung Seite 42)*

*(Fortsetzung von Seite 40)*

| | |
|---|---|
| 250 g | gemischte Pilze, z. B. gemischte Champignons, Austernpilze und Kräutersaitlinge |
| 2 EL | Olivenöl |
| | Salz, frisch gemahlener Pfeffer |
| ½ Bund | Schnittlauch |
| 2 Stängel | Petersilie |
| 1 EL | Tomatenmark |
| 1 TL | Kapern (aus dem Glas) |
| 8 Scheiben | Stangenweißbrot oder Baguette |
| | evtl. einige Tomatenstreifen |

2. Einen Esslöffel Olivenöl in einer Pfanne erhitzen, Pilzscheiben darin anbraten. Zwiebel- und Knoblauchwürfel unterrühren, mit Salz und Pfeffer würzen. Pilzscheiben zugedeckt bei mittlerer Hitze 5–8 Minuten garen.
3. Schnittlauch und Petersilie abspülen, trockentupfen. Schnittlauch in kleine Röllchen schneiden. Von der Petersilie die Blättchen von den Stängeln zupfen (einige Blättchen beiseite legen), Blättchen klein schneiden. Schnittlauchröllchen und Petersilie zur Pilzmasse geben. Tomatenmark und abgetropfte Kapern unterheben. Mit Salz und Pfeffer abschmecken, abkühlen lassen.
4. Die Brotscheiben dünn mit dem restlichen Öl bestreichen und in einer Pfanne von einer Seite goldbraun rösten. Oder unter dem vorgeheizten Grill im Backofen rösten. Brotscheiben etwas abkühlen lassen.
5. Die Pilzmasse auf den Brotscheiben (geröstete Seite oben) verteilen, mit Petersilienblättchen und evtl. Tomatenstreifen garnieren.

# Rührei mit Makrele

8 Stück

Zubereitungszeit: 25 Minuten, ohne Abkühlzeit

Zutaten:

| | |
|---|---|
| 1 Dose | Makrelenfilets in Pflanzenöl und eigenem Saft (Abtropfgewicht 145 g) |
| 2 | Frühlingszwiebeln |
| 100 g | Tomaten |
| 3 EL | Olivenöl |
| | Salz |
| 8 Scheiben | Stangenweißbrot oder Baguette (1 ½–2 cm dick) |
| 4 | Eier (Größe M) |
| 3 EL | Milch |
| | Paprikapulver edelsüß und rosenscharf |
| | Basilikumblättchen zum Garnieren |

1. Makrelenfilets in einem Sieb abtropfen lassen und in Stücke zupfen. Frühlingszwiebeln putzen, waschen, abtropfen lassen und in Ringe schneiden.
2. Tomaten waschen, kreuzweise einschneiden, einige Sekunden in kochendes Wasser legen. Tomaten kurz in kaltem Wasser abschrecken, enthäuten, halbieren, entkernen, Stängelansätze herausschneiden. Tomaten würfeln.
3. Einen Esslöffel Olivenöl in einer Pfanne (Ø 20–22 cm) erhitzen, Zwiebelringe darin anbraten. Tomatenwürfel hinzufügen, miterhitzen und mit Salz bestreuen. Tomatengemüse herausnehmen.
4. Die Brotscheiben dünn mit 1 weiteren Esslöffel Olivenöl bestreichen. Brotscheiben wie unter Punkt 4 (oben) beschrieben rösten, etwas abkühlen lassen.
5. Eier mit Milch verschlagen, mit Salz und Paprika würzen. Restliches Olivenöl in der gesäuberten Pfanne (Ø 20–22 cm) erhitzen. Die Eiermasse hineingeben und bei mittlerer Hitze stocken lassen (sobald die Eiermasse am Rand zu stocken beginnt, von außen nach innen zusammenschieben).
6. Tomatengemüse und Makrelenfilets auf der Eiermasse verteilen, wenn sie in der Mitte noch flüssig ist. Herdplatte ausschalten, Rührei stocken lassen.
7. Rührei in 8 Portionen teilen, auf den Brotscheiben (geröstete Seite oben) verteilen und mit Basilikumblättchen garniert servieren.

# Gefüllte Kroketten

8 Stück

Zubereitungszeit: 60 Minuten, ohne Abkühlzeit

Zutaten:

| | |
|---|---|
| 150 g | Hähnchenbrustfilet |
| 2 EL | Olivenöl, Salz |
| 200 ml | Wasser |
| 1 Pck. | Kartoffelpüree (komplett mit Milch, für 3 Portionen) |
| 1 | rote Chilischote |
| | gemahlener Ingwer |
| 1–2 | Eier (Größe M) |
| | frisch geriebene Muskatnuss |
| 15 EL | Semmelbrösel |
| etwa 1 l | Speiseöl zum Frittieren |
| | Petersilienblättchen zum Garnieren |

1. Hähnchenbrustfilet unter fließendem kalten Wasser abspülen und trockentupfen. Einen Esslöffel Olivenöl in einer Pfanne erhitzen, Hähnchenbrustfilet darin von beiden Seiten anbraten, mit Salz bestreuen und bei schwacher Hitze etwa 8 Minuten garen. Pfanne von der Kochstelle nehmen. Hähnchenbrustfilet zugedeckt in der Pfanne erkalten lassen.
2. Wasser zum Kochen bringen und in eine Schüssel gießen, Püreepulver mit einem Kochlöffel einrühren. Püree etwas abkühlen lassen.
3. Chilischote waschen, trockentupfen, längs aufschneiden und entkernen. Chili fein hacken.
4. Hähnchenbrustfilet aus der Pfanne nehmen, in kleine Würfel schneiden, mit dem Bratensud aus der Pfanne, Chilistückchen, Ingwer und restlichem Olivenöl mischen, mit den Gewürzen abschmecken und in 8 Portionen teilen.
5. Eier aufschlagen. Eigelb zum Teig geben. Eiweiß in einen tiefen Teller geben und mit einer Gabel verschlagen.
6. Den Teig mit Eigelb und Muskat verkneten, zu einer Rolle formen. Aus der Teigrolle 8 Scheiben schneiden.
7. Eine Teigscheibe in die Handfläche legen, eine Fleischportion auf die Teigscheibe geben, mit dem Teig umschließen und zu einer Kugel formen. Teigkugel durch das verschlagene Eiweiß ziehen, am Tellerrand abstreifen und anschließend in Semmelbröseln wenden, andrücken und zu einer Birne formen. Restlichen Teig ebenso verarbeiten.
8. Speiseöl in einem hohen Topf auf 170–180 °C erhitzen. Die Kroketten portionsweise in dem siedenden Speiseöl unter Wenden goldbraun backen. Kroketten mit einem Schaumlöffel herausnehmen, auf Küchenpapier legen und abtropfen lassen.
9. In jede Krokette ein Petersilienblättchen stecken. Heiß oder kalt servieren.

Tipp: Die Kroketten können im Backofen bei Ober-/Unterhitze: etwa 150 °C wieder aufgebacken werden. Wenn Sie einen Holzstiel in das Speiseöl halten und Blasen aufsteigen, hat das Fett die richtige Temperatur.

# Hackfleischröllchen

8 Stück

Zubereitungszeit: 35 Minuten

Zutaten:

| | |
|---|---|
| 3 Stängel | Minze |
| 1 | Schalotte |
| 1 | Knoblauchzehe |
| 300 g | gemischtes Hackfleisch (halb Rind-, halb Schweinefleisch) |
| 4 gestr. EL | Semmelbrösel |
| 1 | Ei (Größe M) |
| | Salz |
| | frisch gemahlener Pfeffer |
| | Paprikapulver rosenscharf |
| 4 EL | Olivenöl |

1. Minze abspülen und trockentupfen. Die Blättchen von den Stängeln zupfen (einige Blättchen zum Garnieren beiseite legen), Blättchen hacken.
2. Schalotte und Knoblauch abziehen. Schalotte grob hacken und Knoblauch durch eine Knoblauchpresse drücken. Hackfleisch in eine Schüssel geben, Schalottenwürfel, Knoblauch, 2 Esslöffel Semmelbrösel, Ei und Minze hinzufügen. Mit Salz, Pfeffer und Paprika würzen. Die Zutaten zu einem Teig verkneten und mit den Gewürzen abschmecken.
3. Den Fleischteig in 8 Portionen teilen. Jede Fleischportion mit angefeuchteten Händen zu einer etwa 10 cm langen Rolle mit spitzen Enden formen. Fleischröllchen in den restlichen Semmelbröseln wenden und andrücken.
4. Olivenöl in einer großen Pfanne erhitzen. Die Hackfleischröllchen darin unter mehrmaligem Wenden etwa 10 Minuten bei mittlerer Hitze braten. Hackfleischröllchen mit einem Pfannenheber herausnehmen und auf Küchenpapier abtropfen lassen.
5. Die Hackfleischröllchen auf einer Platte anrichten und mit den beiseite gelegten Minzeblättchen garnieren. Heiß oder kalt servieren.

Beilage: Knoblauchmayonnaise.

Tipp: Für die Knoblauchmayonnaise 1–2 Knoblauchzehen abziehen und mit etwas grobem Meersalz im Mörser oder mit dem Messerrücken fein zerreiben. 1 sehr frisches Eigelb, einige Spritzer Zitronensaft und den Knoblauch in einen hohen Rührbecher geben und mit Handrührgerät mit Rührbesen verrühren. 125 ml (1/8 l) Olivenöl zuerst tropfenweise, dann in einem sehr dünnen Strahl unter Rühren hinzugeben. Die Mayonnaise mit Salz und Zitronensaft abschmecken. Mayonnaise bis zum Verzehr kalt stellen.

# Kräutergarnelen

8–10 Portionen

Zubereitungszeit: 25 Minuten, ohne Marinierzeit

Zutaten:

| | |
|---|---|
| etwa 40 große | Garnelenschwänze (je etwa 80 g, mit Schale) |
| | Für die Marinade: |
| 100 ml | Olivenöl |
| 1–2 EL | Cognac |
| 2 EL | frische, gehackte Kräuter, z. B. Estragon, Basilikum, Kerbel oder glatte Petersilie |
| | grobes Meersalz |
| | frisch gemahlener Pfeffer |
| | Cayennepfeffer |

1. Von den Garnelenschwänzen die Schale entfernen, am Rücken einschneiden und den Darm entfernen. Garnelen unter fließendem kalten Wasser abspülen, trockentupfen und in eine große flache Schale legen.
2. Für die Marinade Olivenöl mit Cognac, Kräutern, Meersalz, Pfeffer und Cayennepfeffer verrühren. Die Garnelen damit bestreichen und zugedeckt etwa 1 Stunde durchziehen lassen.
3. Die Garnelen aus der Schale nehmen und auf den heißen, mit Alufolie belegten Grill legen. Die Garnelen unter gelegentlichem Wenden 5–6 Minuten grillen. Während des Grillens mit der Marinade bestreichen.

Beilage: Baguettescheiben mit Kräuter- oder Knoblauchbutter bestrichen.

# Gebackene Tintenfischringe

4 Portionen

Zubereitungszeit: 20 Minuten

Zutaten:

| | |
|---|---|
| 800 g | küchenfertige, blanchierte Tintenfischringe |
| Saft | von 1 Zitrone |
| | Salz |
| | frisch gemahlener Pfeffer |
| | Für den Bierteig: |
| 200 g | Weizenmehl |
| 250 ml (¼ l) | helles Bier |
| 2 | Eier (Größe M) |
| 1 Prise | Salz |
| | Olivenöl zum Frittieren |

1. Tintenfischringe unter fließendem kalten Wasser abspülen und trockentupfen. Mit Zitronensaft beträufeln, mit Salz und Pfeffer würzen.
2. Für den Teig Mehl in eine Schüssel sieben und mit dem Bier glatt rühren. Eier trennen, Eigelb gut unterrühren. Den Teig leicht salzen. Eiweiß steif schlagen und unterheben.
3. Olivenöl in einem hohen Topf oder in einer Fritteuse auf etwa 170 °C erhitzen.
4. Tintenfischringe durch den Teig ziehen, am Schüsselrand abstreifen und portionsweise, schwimmend in dem siedenden Olivenöl goldgelb ausbacken.
5. Tintenfischringe mit einem Schaumlöffel herausnehmen, auf Küchenpapier abtropfen lassen und servieren.

Tipp: Tintenfischringe mit Zitronenachteln servieren.

# Muscheln mit Knoblauch

4 Portionen

Zubereitungszeit: 35 Minuten
Backzeit: etwa 3 Minuten

Zutaten:

| | |
|---|---|
| 28 große | Miesmuscheln |
| 125 ml (1/8 l) | Wasser |
| 125 ml (1/8 l) | Weißwein |
| 1 | klein gewürfelte Schalotte |
| ½ TL | getrocknete, gemischte Kräuter (Thymian, Estragon, Basilikum) |
| | Salz |
| 3 | Knoblauchzehen |
| 120–150 g | weiche Butter |
| 3 EL | gehackte glatte Petersilie |
| | |
| 1 | abgespülten, trockengetupften Stängel Estragon |

1. Die Miesmuscheln in reichlich kaltem Wasser gründlich waschen und einzeln abbürsten, bis sie nicht mehr sandig sind (Muscheln, die sich beim Waschen öffnen, sind ungenießbar).
2. Wasser, Wein, Schalottenwürfel und Kräuter in einem hohen Topf zum Kochen bringen. Muscheln hinzugeben, zum Kochen bringen und zugedeckt 2–3 Minuten bei starker Hitze kochen lassen.
3. Die Muscheln mit einer Schaumkelle aus dem Sud nehmen und gut abtropfen lassen. Die leeren Schalen wegwerfen, ebenso Muscheln, die sich nach dem Garen nicht geöffnet haben, da sie ungenießbar sind.
4. Die Schalenhälften mit dem Muschelfleisch in eine feuerfeste Form (Auflaufform) legen. Knoblauch abziehen und durch eine Knoblauchpresse drücken. Butter geschmeidig rühren. Knoblauch und Petersilie unterrühren. Die Kräuterbutter auf den Muscheln verteilen.
5. Die Form auf dem Rost in den Backofen schieben und die Muscheln überbacken.

Ober-/Unterhitze: etwa 220 °C (vorgeheizt)
Heißluft: etwa 200 °C (vorgeheizt)
Gas: Stufe 4–5 (vorgeheizt)
Backzeit: etwa 3 Minuten.

6. Die Form aus dem Backofen nehmen. Die Muscheln in der Form mit dem Estragonstängel garniert sofort servieren.

Tipp: Mit frischem Brot servieren.

# Avocados mit Krabben

4 Portionen

Zubereitungszeit: 25 Minuten, ohne Durchziehzeit

Zutaten:

| | |
|---|---|
| 2 | reife Avocados |
| 2 EL | Zitronensaft |
| | |
| | Für die Sauce: |
| 2 EL | Crème fraîche |
| 1 EL | Milch |
| 1 TL | fein gehackter Dill |
| | Salz |
| | frisch gemahlener Pfeffer |
| | Zucker |
| | Zitronensaft |
| | Worcestersauce |
| | |
| | Für die Füllung: |
| 4 mittelgroße | Tomaten |
| 100 g | frische Krabben oder Shrimps |
| | Zwiebelsalz |
| | |
| | gewaschene, trockengetupfte Salatblätter |
| | Zitronenscheiben von |
| 1 | Bio-Zitrone (unbehandelt, ungewachst) |
| | Dillzweige |
| | Petersilienblätter |

1. Avocados längs halbieren und den Stein jeweils herausnehmen. Das Fruchtfleisch bis auf einen etwa ½ cm breiten Rand herauslösen und in kleine Stücke schneiden. Fruchtfleisch mit Zitronensaft beträufeln.
2. Für die Sauce Crème fraîche mit Milch und Dill verrühren. Mit Salz, Pfeffer, Zucker, Zitronensaft und Worcestersauce würzen.
3. Für die Füllung Tomaten waschen, abtrocknen, halbieren, entkernen und die Stängelansätze herausschneiden. Tomatenhälften in kleine Würfel schneiden.
4. Frische, gepulte Krabben oder Shrimps mit den Avocadostücken und Tomatenwürfeln unter die Sauce rühren, etwas durchziehen lassen.
5. Die ausgehöhlten Avocadohälften mit Zwiebelsalz ausstreuen und mit der Krabben-Avocado-Tomaten-Masse füllen.
6. Die Avocadohälften auf Salatblättern anrichten. Mit Zitronenscheiben, Dillzweigen und Petersilienblättern garniert servieren.

Beilage: Stangenweißbrot oder Toast.

Tipp: Die Avocadohälften mit der Krabben-Avocado-Tomaten-Mischung füllen und die Crème-fraîche-Sauce darauf verteilen.

# Auberginentortilla

xx Portionen

Zubereitungszeit: 35 Minuten, ohne Ziehzeit
Backzeit: etwa 10 Minuten

Zutaten:

| | |
|---|---|
| 1 | Aubergine (etwa 250 g) |
| 1 TL | Salz |
| 4 | Kartoffeln |
| 200 ml | Olivenöl |
| | Salz |
| | frisch gemahlener Pfeffer |
| 125 g | gekochter Schinken |
| 1 | kleine Dose Champignonköpfe (Abtropfgewicht 175 g) |
| 100 g | frisch geriebener Butterkäse |
| 1 TL | gerebelter Oregano |
| 1 TL | gerebeltes Basilikum |
| 4 | Eier |
| ½ Bund | Petersilie |

1. Aubergine waschen, trockentupfen und die Stängelansätze abschneiden. Aubergine in dünne Scheiben schneiden, mit Salz bestreuen und 15 Minuten ziehen lassen. Kartoffeln waschen, schälen, abspülen und in dünne Scheiben schneiden.
2. Olivenöl in einer Pfanne erhitzen, Kartoffelscheiben unter mehrmaligem Wenden darin anbraten, herausnehmen und warm stellen.
3. Die Auberginenscheiben unter fließendem kalten Wasser abspülen und trockentupfen. Auberginenscheiben in dem verbliebenen Bratfett unter mehrmaligem Wenden anbraten. Auberginenscheiben herausnehmen, zu den warm gestellten Kartoffelscheiben geben und vorsichtig untermischen. Mit Salz und Pfeffer kräftig würzen.
4. Schinken in kleine Würfel schneiden. Champignonköpfe in einem Sieb abtropfen lassen. Schinkenwürfel, Champignonköpfe, Käse, Oregano und Basilikum zu der Kartoffel-Auberginen-Masse geben und untermengen.
5. Eier verschlagen, mit Salz und Pfeffer würzen. Eier in eine flache Auflaufform geben. Die Kartoffel-Auberginen-Käse-Masse darauf verteilen. Die Form auf dem Rost in den Backofen schieben.

Ober-/Unterhitze: etwa 180 °C (vorgeheizt)
Heißluft: etwa 160 °C (vorgeheizt)
Gas: Stufe 2–3 (vorgeheizt)
Backzeit: etwa 10 Minuten.

6. Die Form auf einen Rost stellen. Petersilie abspülen und trockentupfen. Die Blättchen von den Stängeln zupfen. Blättchen klein schneiden.
7. Die Auberginentortilla mit Petersilie bestreut servieren.

# Tortilla vom Blech

8–10 Portionen

Zubereitungszeit: 90 Minuten
Garzeit: 30–40 Minuten

Zutaten:

| | |
|---|---|
| 750 g | Kartoffeln |
| 1 | rote Paprikaschote |
| 1 Bund | Frühlingszwiebeln |
| 150 g | Zucchini |
| 2 EL | Olivenöl |
| | Salz |
| | frisch gemahlener Pfeffer |
| 14 | Eier (Größe M) |
| 250 ml (1/4 l) | Schlagsahne |
| 2 EL | Schnittlauchröllchen |

1. Kartoffeln waschen, schälen, abspülen und in dünne Scheiben schneiden. Paprika halbieren, entstielen, entkernen und die weißen Scheidewände entfernen. Schote waschen, trockentupfen und in Würfel schneiden.
2. Frühlingszwiebeln putzen, waschen, abtropfen lassen und in dünne Ringe schneiden. Zucchini waschen, abtrocknen und die Enden abschneiden. Zucchini ebenfalls in dünne Scheiben schneiden.
3. Olivenöl in einer großen Pfanne erhitzen. Kartoffelscheiben, Paprikawürfel, Frühlingszwiebelringe und Zucchinischeiben hinzugeben. Die Zutaten unter mehrmaligem Wenden von allen Seiten etwa 10 Minuten goldbraun braten. Mit Salz und Pfeffer bestreuen. Die Kartoffel-Gemüse-Masse herausnehmen und in eine Fettfangschale (gefettet) geben.
4. Eier mit Sahne verschlagen, mit Salz und Pfeffer würzen. Schnittlauchröllchen unterrühren. Die Kartoffel-Gemüse-Masse mit der Eiersahne übergießen. Die Fettfangschale in den Backofen schieben.

   Ober-/Unterhitze: etwa 180 °C (vorgeheizt)
   Heißluft: etwa 160 °C (nicht vorgeheizt)
   Gas: Stufe 2–3 (nicht vorgeheizt)
   Backzeit: 30–40 Minuten.

5. Die Fettfangschale auf einen Rost stellen. Die Tortilla in Rauten schneiden und auf einer Platte anrichten.

Tipp: Tortillarauten mit Zucchinstreifen, Basilikum- und Petersilienblättchen garnieren.

# Spinattortilla

4 Portionen

Zubereitungszeit: 30 Minuten, ohne Abkühlzeit

Zutaten:

| | |
|---|---|
| 2 | Schalotten (etwa 50 g) |
| 1 | Knoblauchzehe |
| 2 EL | Olivenöl |
| 125 g | TK-Blattspinat |
| | Salz |
| | frisch gemahlener Pfeffer |
| | frisch geriebene Muskatnuss |
| 6 | Eier (Größe M) |
| 6 EL | Milch |

1. Schalotten und Knoblauch abziehen, in kleine Würfel schneiden oder fein hacken. Einen Esslöffel Olivenöl in einer beschichteten Pfanne (Ø 20 cm) erhitzen. Schalotten- und Knoblauchwürfel darin andünsten.
2. Den gefrorenen Spinat hinzugeben, unter gelegentlichem Rühren andünsten und zugedeckt bei schwacher Hitze etwa 10 Minuten garen. Den garen Spinat mit Salz, Pfeffer und Muskat würzen, mit einer Gabel vorsichtig auflockern und die Flüssigkeit verdampfen lassen. Spinat aus der Pfanne nehmen.
3. Eier und Milch verschlagen, mit Salz würzen. Restliches Olivenöl in der Pfanne erhitzen. Eiermilch in die Pfanne gießen, Spinat darauf verteilen und zugedeckt bei schwacher Hitze etwa 15 Minuten stocken lassen.
4. Tortilla auf einen Teller gleiten und erkalten lassen. Tortilla in Stücke schneiden.

Tipp: Tortillastücke abwechselnd mit der dunklen und mit der hellen Seite nach oben anrichten.

# Alphabetisches Register

# Themenregister

**Umwelthinweis** Dieses Buch und der Einband wurden auf chlorfrei gebleichtem Papier gedruckt. Die Einschrumpffolie – zum Schutz vor Verschmutzung – ist aus umweltfreundlichem und recyclingfähigem PE-Material.

Wenn Sie Anregungen, Vorschläge oder Fragen zu unseren Büchern haben, rufen Sie uns unter folgender Nummer an 0521 155-2580 oder 520650 oder schreiben Sie uns:
Dr. Oetker Verlag KG, Am Bach 11, 33602 Bielefeld
oder besuchen Sie uns im Internet unter www.oetker.de.



**Redaktion** Carola Reich, Annette Riesenberg

**Titelfoto** Thomas Diercks, Hamburg
**Innenfotos** Thomas Diercks, Hamburg (S. 23, 26)
Brigitte Wegner, Bielefeld (S. 49, 53)
Axel Struwe, Bielefeld, Foodstyling Wolfgang Menzel
(S. 4, 7, 11–21, 29–39, 43–47, 51, 57, 61)
Norbert Toelle, Bielefeld (S. 55, 59)
Walter Cimbal, Hamburg (S. 9)
Hans-Joachim Schmidt, Hamburg (S. 25)

**Rezeptentwicklung und -beratung** Anke Rabeler, Berlin
Mechthild Plogmaker, Dr. Oetker Versuchsküche, Bielefeld

**Grafisches Konzept** kontur:design, Bielefeld
**Gestaltung** kontur:design, Bielefeld
**Titelgestaltung** kontur:design, Bielefeld

**Reproduktionen** Repro Ludwig, Zell am See, Österreich
**Satz** JUNFERMANN Druck & Service, Paderborn
**Druck und Bindung** MOHN Media • Mohndruck GmbH, Gütersloh



ISBN 3-7670-0909-9